MW01119693

# Daybook

| JANUARY | 1 2 3 4 5 6 7 8 9 10 11 12 13 14 15 16 17 18 19 20 21 22 23 24 25 26 |
|---|---|

| FEBRUARY | 1 2 3 4 5 6 7 8 9 10 11 12 13 14 15 16 17 18 19 20 21 22 23 24 25 26 |

| MARCH | 1 2 3 4 5 6 7 8 9 10 11 12 13 14 15 16 17 18 19 20 21 22 23 24 25 26 |

| APRIL | 1 2 3 4 5 6 7 8 9 10 11 12 13 14 15 16 17 18 19 20 21 22 23 24 25 26 |

| MAY | 1 2 3 4 5 6 7 8 9 10 11 12 13 14 15 16 17 18 19 20 21 22 23 24 25 26 |

| JUNE | 1 2 3 4 5 6 7 8 9 10 11 12 13 14 15 16 17 18 19 20 21 22 23 24 25 26 |

| JULY | 1 2 3 4 5 6 7 8 9 10 11 12 13 14 15 16 17 18 19 20 21 22 23 24 25 26 |

| AUGUST | 1 2 3 4 5 6 7 8 9 10 11 12 13 14 15 16 17 18 19 20 21 22 23 24 25 26 |

| SEPTEMBER | 1 2 3 4 5 6 7 8 9 10 11 12 13 14 15 16 17 18 19 20 21 22 23 24 25 26 |

| OCTOBER | 1 2 3 4 5 6 7 8 9 10 11 12 13 14 15 16 17 18 19 20 21 22 23 24 25 26 |

| NOVEMBER | 1 2 3 4 5 6 7 8 9 10 11 12 13 14 15 16 17 18 19 20 21 22 23 24 25 26 |

| DECEMBER | 1 2 3 4 5 6 7 8 9 10 11 12 13 14 15 16 17 18 19 20 21 22 23 24 25 26 |

27  28  29  30  31

27  28  29

27  28  29  30  31

27  28  29  30

27  28  29  30  31

27  28  29  30

27  28  29  30  31

27  28  29  30  31

27  28  29  30

27  28  29  30  31

27  28  29  30

27  28  29  30  31

January 1$^{ST}$

January 2$^{ND}$

January 3$^{RD}$

January 4$^{TH}$

January 5$^{TH}$

January 6<sup>TH</sup>

January 7<sup>TH</sup>

January 8<sup>TH</sup>

January 9<sup>TH</sup>

January 10<sup>TH</sup>

January 11<sup>TH</sup>

January 12<sup>TH</sup>

January 13<sup>TH</sup>

January 14<sup>TH</sup>

January 15<sup>TH</sup>

January 16<sup>TH</sup>

January 17<sup>TH</sup>

January 18<sup>TH</sup>

January 19<sup>TH</sup>

January 20<sup>TH</sup>

January 21$^{ST}$

January 22$^{ND}$

January 23$^{RD}$

January 24$^{TH}$

January 25$^{TH}$

January 26<sup>TH</sup>

January 27<sup>TH</sup>

January 28<sup>TH</sup>

January 29<sup>TH</sup>

January 30<sup>TH</sup>

January 31ˢᵀ

February 1ˢᵀ

February 2ᴺᴰ

February 3ᴿᴰ

February 4ᵀᴴ

February 5<sup>TH</sup>

February 6<sup>TH</sup>

February 7<sup>TH</sup>

February 8<sup>TH</sup>

February 9<sup>TH</sup>

February 10<sup>TH</sup>

February 11<sup>TH</sup>

February 12<sup>TH</sup>

February 13<sup>TH</sup>

February 14<sup>TH</sup>

February 15<sup>TH</sup>

February 16<sup>TH</sup>

February 17<sup>TH</sup>

February 18<sup>TH</sup>

February 19<sup>TH</sup>

February 20<sup>TH</sup>

February 21<sup>ST</sup>

February 22<sup>ND</sup>

February 23<sup>RD</sup>

February 24<sup>TH</sup>

February 25<sup>TH</sup>

February 26<sup>TH</sup>

February 27<sup>TH</sup>

February 28<sup>TH</sup>

February 29<sup>TH</sup>

March 1ST

March 2ND

March 3RD

March 4TH

March 5TH

March 6<sup>TH</sup>

March 7<sup>TH</sup>

March 8<sup>TH</sup>

March 9<sup>TH</sup>

March 10<sup>TH</sup>

March 11ᵀᴴ

March 12ᵀᴴ

March 13ᵀᴴ

March 14ᵀᴴ

March 15ᵀᴴ

March 16<sup>TH</sup>

March 17<sup>TH</sup>

March 18<sup>TH</sup>

March 19<sup>TH</sup>

March 20<sup>TH</sup>

March 21<sup>ST</sup>

March 22<sup>ND</sup>

March 23<sup>RD</sup>

March 24<sup>TH</sup>

March 25<sup>TH</sup>

March 26<sup>TH</sup>

March 27<sup>TH</sup>

March 28<sup>TH</sup>

March 29<sup>TH</sup>

March 30<sup>TH</sup>

March 31<sup>ST</sup>

April 1<sup>ST</sup>

April 2<sup>ND</sup>

April 3<sup>RD</sup>

April 4<sup>TH</sup>

April 5<sup>TH</sup>

April 6<sup>TH</sup>

April 7<sup>TH</sup>

April 8<sup>TH</sup>

April 9<sup>TH</sup>

April 10<sup>TH</sup>

April 11<sup>TH</sup>

April 12<sup>TH</sup>

April 13<sup>TH</sup>

April 14<sup>TH</sup>

April 15<sup>TH</sup>

April 16<sup>TH</sup>

April 17<sup>TH</sup>

April 18<sup>TH</sup>

April 19<sup>TH</sup>

April 20<sup>TH</sup>

April 21<sup>ST</sup>

April 22<sup>ND</sup>

April 23<sup>RD</sup>

April 24<sup>TH</sup>

April 25<sup>TH</sup>

April 26<sup>TH</sup>

April 27<sup>TH</sup>

April 28<sup>TH</sup>

April 29<sup>TH</sup>

April 30

May 1<sup>ST</sup>

May 2<sup>ND</sup>

May 3

May 4<sup>TH</sup>

May 5<sup>TH</sup>

May 6<sup>TH</sup>

May 7<sup>TH</sup>

May 8<sup>TH</sup>

May 9<sup>TH</sup>

May 10<sup>TH</sup>

May 11<sup>TH</sup>

May 12<sup>TH</sup>

May 13<sup>TH</sup>

May 14<sup>TH</sup>

May 15<sup>TH</sup>

May 16<sup>TH</sup>

May 17<sup>TH</sup>

May 18<sup>TH</sup>

May 19<sup>TH</sup>

May 20<sup>TH</sup>

May 21<sup>ST</sup>

May 22<sup>ND</sup>

May 23<sup>RD</sup>

May 24<sup>TH</sup>

May 25<sup>TH</sup>

May 26<sup>TH</sup>

May 27<sup>TH</sup>

May 28<sup>TH</sup>

May 29<sup>TH</sup>

May 30<sup>TH</sup>

May 31<sup>ST</sup>

June 1<sup>ST</sup>

June 2<sup>ND</sup>

June 3<sup>RD</sup>

June 4TH

June 5TH

June 6TH

June 7TH

June 8TH

June 9<sup>TH</sup>

June 10<sup>TH</sup>

June 11<sup>TH</sup>

June 12<sup>TH</sup>

June 13<sup>TH</sup>

June 14<sup>TH</sup>

June 15<sup>TH</sup>

June 16<sup>TH</sup>

June 17<sup>TH</sup>

June 18<sup>TH</sup>

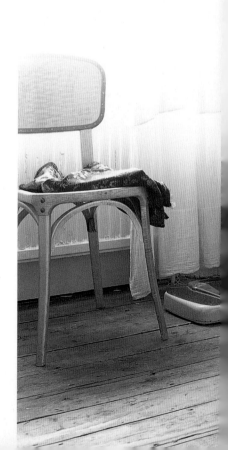

June 19TH

June 20TH

June 21ST

June 22ND

June 23RD

June 24<sup>TH</sup>

June 25<sup>TH</sup>

June 26<sup>TH</sup>

June 27<sup>TH</sup>

June 28<sup>TH</sup>

June 29<sup>TH</sup>

June 30<sup>TH</sup>

July 1<sup>ST</sup>

July 2<sup>ND</sup>

July 3<sup>RD</sup>

July 4<sup>TH</sup>

July 5<sup>TH</sup>

July 6<sup>TH</sup>

July 7<sup>TH</sup>

July 8<sup>TH</sup>

July 9[TH]

July 10[TH]

July 11[TH]

July 12[TH]

July 13[TH]

July 14<sup>TH</sup>

July 15<sup>TH</sup>

July 16<sup>TH</sup>

July 17<sup>TH</sup>

July 18<sup>TH</sup>

July 19TH

July 20TH

July 21ST

July 22ND

July 23RD

July 24<sup>TH</sup>

July 25<sup>TH</sup>

July 26<sup>TH</sup>

July 27<sup>TH</sup>

July 28<sup>TH</sup>

July 29<sup>TH</sup>

July 30<sup>TH</sup>

July 31<sup>ST</sup>

August 1<sup>ST</sup>

August 2<sup>ND</sup>

August 3<sup>RD</sup>

August 4<sup>TH</sup>

August 5<sup>TH</sup>

August 6<sup>TH</sup>

August 7<sup>TH</sup>

August 8<sup>TH</sup>

August 9<sup>TH</sup>

August 10<sup>TH</sup>

August 11<sup>TH</sup>

August 12<sup>TH</sup>

August 13<sup>TH</sup>

August 14<sup>TH</sup>

August 15<sup>TH</sup>

August 16<sup>TH</sup>

August 17<sup>TH</sup>

August 18$^{TH}$

August 19$^{TH}$

August 20$^{TH}$

August 21$^{ST}$

August 22$^{ND}$

August 23<sup>RD</sup>

August 24<sup>TH</sup>

August 25<sup>TH</sup>

August 26<sup>TH</sup>

August 27<sup>TH</sup>

August 28<sup>TH</sup>

August 29<sup>TH</sup>

August 30<sup>TH</sup>

August 31<sup>ST</sup>

September 1<sup>ST</sup>

September 2<sup>ND</sup>

September 3<sup>RD</sup>

September 4<sup>TH</sup>

September 5<sup>TH</sup>

September 6<sup>TH</sup>

September 7<sup>TH</sup>

September 8<sup>TH</sup>

September 9<sup>TH</sup>

September 10<sup>TH</sup>

September 11<sup>TH</sup>

September 12<sup>TH</sup>

September 13<sup>TH</sup>

September 14<sup>TH</sup>

September 15<sup>TH</sup>

September 16<sup>TH</sup>

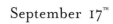
September 17<sup>TH</sup>

September 18<sup>TH</sup>

September 19<sup>TH</sup>

September 20<sup>TH</sup>

September 21<sup>ST</sup>

September 22$^{\text{ND}}$

September 23$^{\text{RD}}$

September 24$^{\text{TH}}$

September 25$^{\text{TH}}$

September 26$^{\text{TH}}$

September 27<sup>TH</sup>

September 28<sup>TH</sup>

September 29<sup>TH</sup>

September 30<sup>TH</sup>

October 1<sup>ST</sup>

October 2<sup>ND</sup>

October 3<sup>RD</sup>

October 4<sup>TH</sup>

October 5<sup>TH</sup>

October 6<sup>TH</sup>

October 7<sup>TH</sup>

October 8<sup>TH</sup>

October 9<sup>TH</sup>

October 10<sup>TH</sup>

October 11<sup>TH</sup>

October 12<sup>TH</sup>

October 13<sup>TH</sup>

October 14<sup>TH</sup>

October 15<sup>TH</sup>

October 16<sup>TH</sup>

October 17<sup></sup>TH

October 18<sup></sup>TH

October 19<sup></sup>TH

October 20<sup></sup>TH

October 21<sup></sup>ST

October 22<sup>ND</sup>

October 23<sup>RD</sup>

October 24<sup>TH</sup>

October 25<sup>TH</sup>

October 26<sup>TH</sup>

October 27<sup>TH</sup>

October 28<sup>TH</sup>

October 29<sup>TH</sup>

October 30<sup>TH</sup>

October 31<sup>ST</sup>

November 1ST

November 2ND

November 3RD

November 4TH

November 5TH

November 6<sup>TH</sup>

November 7<sup>TH</sup>

November 8<sup>TH</sup>

November 9<sup>TH</sup>

November 10<sup>TH</sup>

November 11<sup>TH</sup>

November 12<sup>TH</sup>

November 13<sup>TH</sup>

November 14<sup>TH</sup>

November 15<sup>TH</sup>

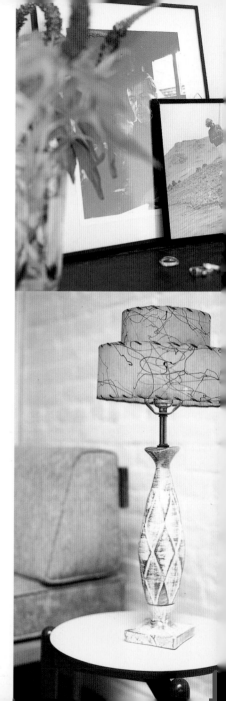

November 16<sup>TH</sup>

November 17<sup>TH</sup>

November 18<sup>TH</sup>

November 19<sup>TH</sup>

November 20<sup>TH</sup>

November 21st

November 22nd

November 23rd

November 24th

November 25th

November 26<sup>TH</sup>

November 27<sup>TH</sup>

November 28<sup>TH</sup>

November 29<sup>TH</sup>

November 30<sup>TH</sup>

December 1<sup>ST</sup>

December 2<sup>ND</sup>

December 3<sup>RD</sup>

December 4<sup>TH</sup>

December 5<sup>TH</sup>

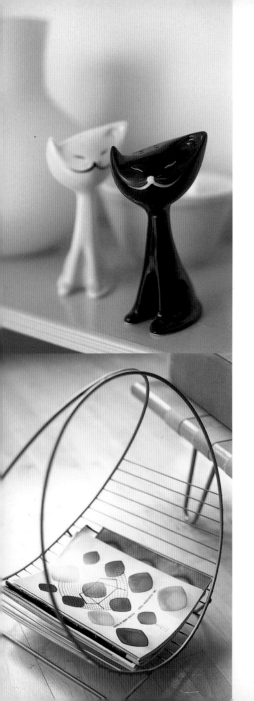

December 6<sup>TH</sup>

December 7<sup>TH</sup>

December 8<sup>TH</sup>

December 9<sup>TH</sup>

December 10<sup>TH</sup>

December 11<sup>TH</sup>

December 12<sup>TH</sup>

December 13<sup>TH</sup>

December 14<sup>TH</sup>

December 15<sup>TH</sup>

December 16TH

December 17TH

December 18TH

December 19TH

December 20TH

December 21<sup>ST</sup>

December 22<sup>ND</sup>

December 23<sup>RD</sup>

December 24<sup>TH</sup>

December 25<sup>TH</sup>

December 26<sup>TH</sup>

December 27<sup>TH</sup>

December 28<sup>TH</sup>

December 29<sup>TH</sup>

December 30<sup>TH</sup>

December 31ST

January 1ST

January 2ND

January 3RD

RYLAND
PETERS
& SMALL

LONDON NEW YORK

**paper**style

Copyright © Ryland Peters & Small 2001

All images taken from *The Relaxed Home* by Atlanta Bartlett

Photography by Polly Wreford, copyright © Ryland Peters & Small 2000

Published by Ryland Peters & Small

Kirkman House, 12–14 Whitfield Street, London W1T2RP

519 Broadway, 5th Floor, New York NY 10012

www.rylandpeters.com